Table des matières

Conseils aux enseignants

Encourager l'intérêt du sujet

Aidez les enfants à développer une compréhension et une appréciation des différents concepts de l'éducation en plein air en fournissant un espace dans la salle de classe pour afficher des livres, des images, des collections et des artefacts non thématiques sur le sujet comme tremplin pour l'apprentissage.

Activité « Ce que je pense savoir / ce que j'aimerais savoir »

Présentez chaque concept d'éducation en plein air en demandant aux enfants ce qu'ils pensent savoir sur le sujet et ce qu'ils aimeraient savoir sur le sujet. Complétez cette activité sous forme de séance de remue-méninges pour tout le groupe, en petits groupes coopératifs ou individuellement. Une fois que les enfants ont eu la chance de répondre aux questions, combinez les informations pour créer un tableau de classe à afficher. Tout au long de l'étude, actualisez périodiquement les progrès des enfants dans la réalisation de leur objectif de ce qu'ils veulent savoir, et validez ce qu'ils pensent savoir.

Liste de mots de vocabulaire

Gardez une trace du vocabulaire nouveau et lié au contenu sur du papier pour la référence des enfants. Encouragez les enfants à ajouter des mots à la liste. Classez la liste de mots par catégories de noms, de verbes et d'adjectifs. De plus, demandez aux enfants de créer leurs propres dictionnaires dans le cadre de leurs journaux d'apprentissage.

Journaux d'apprentissage

Tenir un journal d'apprentissage est un moyen efficace pour les enfants d'organiser leurs pensées et leurs idées sur les concepts de l'éducation en plein air présentés et examinés. Les journaux d'apprentissage des enfants donnent également un aperçu des activités de suivi nécessaires pour examiner et clarifier les concepts appris.

Les journaux d'apprentissage peuvent inclure les éléments suivants :

- Situations d'écriture
- Réflexions personnelles
- Questions qui se posent
- Connexions découvertes
- Diagrammes et images étiquetés
- Définitions pour le nouveau vocabulaire

Éducation en plein air

Qu'est-ce que l'éducation en plein air?

L'éducation en plein air engage les enfants dans des expériences du monde réel en dehors des murs de la classe. Cette expérience favorise un respect sain de la nature et incite les enfants à devenir des défenseurs de l'environnement et des solutionneurs de problèmes pour l'avenir.

La création d'une classe en plein air offre aux enfants un espace pour s'engager activement et librement avec l'environnement, explorer les curiosités et acquérir des connaissances de manière significative. Plus important encore, les enfants acquièrent l'expérience de première main de l'interdépendance des humains, des animaux et des plantes tout en étant en contact direct avec le temps et les saisons.

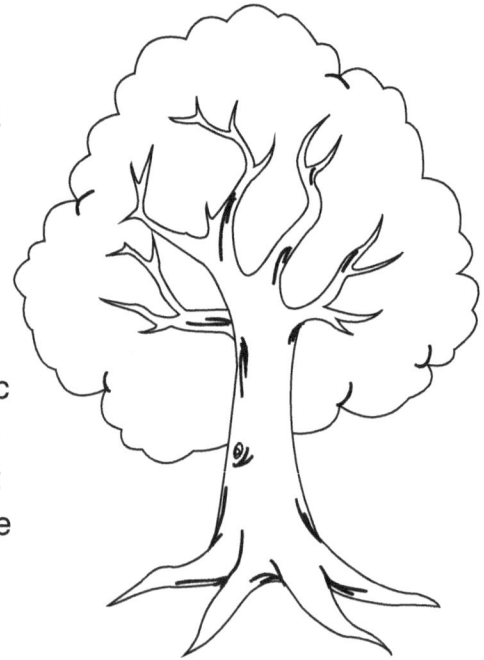

Avantages pour les enfants

- Inspire un mode de vie sain et actif en se déplaçant librement à l'extérieur
- Stimule l'intérêt pour les activités et l'environnement en se connectant avec la nature
- Augmente la motivation à apprendre, car la curiosité des enfants à propos du fonctionnement de l'environnement naturel les pousse à rechercher des connaissances
- Fournit aux enfants des occasions enrichies d'explorer, de découvrir et de résoudre des problèmes avec leurs pairs
- Renforce l'indépendance et la confiance des enfants lorsqu'ils apprennent à orienter leur apprentissage par le biais d'enquêtes extérieures
- Renforce les compétences en gestion et l'appréciation de l'environnement
- Diminue le stress, car les enfants sont dans un cadre naturel et encourage la pleine conscience
- Améliore la rétention des connaissances, car un apprentissage pratique authentique et significatif aide les enfants à conserver les connaissances météorologiques et les saisons

Élaboration d'un programme d'apprentissage en plein air

Trouver un emplacement

Recherchez un cadre extérieur facilement accessible toute l'année qui permettra aux enfants d'interagir avec une variété d'éléments naturels (divers arbres, plantes, sol, herbe, jardin, paillis, gravier, etc.). Il peut s'agir d'une zone désignée du terrain d'école, une cour ou un parc à proximité.

Limites physiques

Une fois que vous avez un emplacement idéal, marquez des limites claires dans ce cadre avec des clôtures ou des cônes. Revoyez fréquemment les limites avec les enfants. Par exemple, les enfants savent rester dans une zone clôturée, ou ne pas passer devant un arbre spécifique, ne pas s'approcher de l'équipement de jeu, etc.

Trouver du support

Demandez à l'administrateur de l'école, à vos collègues enseignants, aux enfants plus âgés, aux parents et aux partenaires communautaires de vous aider à développer votre programme d'éducation en plein air. N'oubliez pas que l'aide peut prendre plusieurs formes, de la demande de subventions gouvernementales au don de matériel, aux leçons de co-planification ou aux jardiniers bénévoles, le travail en équipe est très important. Plus il y aura de gens qui croient au programme, plus il pourra croître avec le temps.

Créer un calendrier

Désignez un endroit dans votre emploi du temps pour avoir un temps d'éducation en plein air régulier (idéalement une fois par jour ou par semaine) auquel vous pouvez vous consacrer tout au long de l'année.

Commencer petit

Commencez par initier vos enfants à l'environnement. Établissez des routines, laissez-les explorer et jouer librement avant d'entrer dans les cours. Une fois que les enfants commencent à se sentir plus à l'aise dans la classe en plein air, vous pouvez introduire des tâches d'apprentissage.

Rangement et matériel de classe en plein air

Gardez le matériel dédié à l'apprentissage en plein air organisé et accessible. Voici quelques suggestions de rangement et de matériel à garder à portée de main.

Idées de rangement

Cabanon

Cela permet aux matériaux extérieurs de rester à l'extérieur. Organisez le cabanon avec des étiquettes et des étagères.

Chariot mobile

L'avantage d'un chariot mobile est qu'il peut être facilement transporté dans et hors de la salle de classe. Chargez les presse-papiers, les crayons et le matériel d'extérieur nécessaires pour la leçon.

Wagon

Transportez les matériaux et les fournitures rapidement et facilement. Les wagons sont faciles à charger, à décharger et à changer fréquemment de contenu. Les wagons peuvent être rangés à l'intérieur ou à l'extérieur.

Matériel

Ce matériel éducatif de plein air est idéal pour faciliter les activités de plein air.

- Ensemble de presse-papiers
- Pot de crayons, crayons de couleur pour usage extérieur uniquement
- Crayons de bois
- Craie
- Protecteurs de feuilles en plastique
- Loupe
- Cônes
- Piquets de jardin pour l'étiquetage
- Chaîne solide
- Cerceaux
- Reliures avec protège-feuilles pour ranger les travaux des enfants au même endroit
- Des tabliers pour les plus jeunes enfants pour assurer la visibilité de leurs allées et venues
- Bâche à utiliser comme tapis
- Sacs en plastique transparents ou sacs en papier brun pour collecter les objets naturels
- Petits pots pour recueillir des êtres vivants ou des échantillons de sol
- Un sifflet pour avoir l'attention et, ou pour les urgences

Ateliers de jeux en classe en plein air

Les ateliers de jeu permettent aux enfants de prendre en charge leur apprentissage, de faire des choix et d'explorer les possibilités dans un cadre sûr. C'est un moyen idéal d'impliquer les jeunes enfants dans une variété de tâches, offrant de nombreuses possibilités d'apprentissage grâce à des interactions avec l'environnement naturel et au partage d'idées avec leurs pairs. Ils permettent également à l'éducateur de travailler seul ou avec de petits groupes d'enfants pendant que le reste de la classe se livre à un jeu significatif.

L'organisation

Conservez le matériel de chaque atelier dans des bacs séparés afin que l'activité soit facilement accessible. Assurez-vous également d'avoir suffisamment de matériel pour chaque enfant, ainsi qu'un échantillon de ce qui est attendu si possible. Par exemple :

- Présentez et expliquez les attentes de chaque atelier pour les enfants.
- Modélisez et renforcez les compétences nécessaires pour terminer une activité artistique.

Établir des routines

Établir clairement les attentes et les responsabilités des enfants dans chaque atelier et le nombre d'enfants autorisés par atelier. Assurez-vous également que les enfants participent au nettoyage et sachent où ranger le matériel. L'éducateur peut sonner la cloche, jouer de la musique, siffler pour signaler quand il est temps de déménager dans un autre atelier ou de nettoyer.

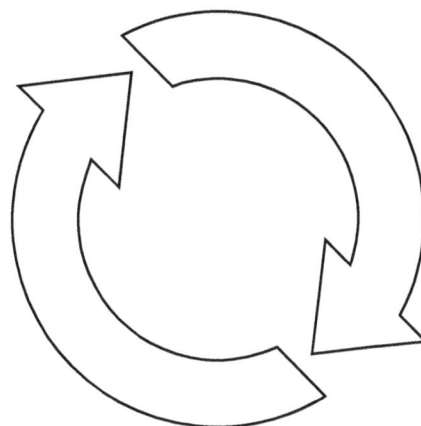

Ateliers de jeux extérieurs

Idées d'ateliers	Matériaux d'automne	Matériaux d'hiver	Matériaux de printemps	Matériaux d'été
Exploration en nature	• biscuits aux arbres • feuilles sèches • glands • brindilles	• pommes de pin • branches de pin • journaux • sel	• roches • cosses • bâtons • galets	• verre de mer • fleurs séchées • coquillages • pissenlits
Motricité	• cerceaux • échasses de marche • wagons	• traîneaux • tapis coulissants • pelles	• scooters • brouettes • pneus de voiture	• cerfs-volants • frisbees • bâtons de ruban
Art dramatique	**Cuisine Centre d'art dramatique** • pots • casseroles • cuillères en bois • moules à muffins • assiettes en plastique • gobelets en plastique • ustensiles en plastique	**Théâtre Centre d'art dramatique** • faire des marionnettes avec des matériaux naturels • construire des sièges de théâtre	**Le camping Centre d'art dramatique** • installer une tente • construire un prétendu feu • construire des cannes à pêche	**La ferme Centre d'art dramatique** • cartons d'oeufs • seaux de traite • brouette • wagon • outils de jardinage
Atelier de tissage au mur	• fournir une chaîne pour faire une toile d'araignée	• décorer le mur de tissage en accrochant des décorations de vacances	• créer une courtepointe en utilisant de longs morceaux de tissu	• créer un capteur de rêves géant
Atelier de construction	• planches de bois • blocs de bois • souches d'arbres • journaux	• bâtiment de briques de neige • pelles • rouler des rochers de neige	• bâche • cordes • gouttières • tuyaux en plastique	• morceaux de nouilles de piscine • nouilles de piscine • hutte de cerceaux

Activités d'échauffement en plein air

Les activités d'échauffement pour la salle de classe en plein air offrent des façons passionnantes et stimulantes de commencer votre classe. Ces activités impliquent un minimum de matériel et sont dirigées par les enfants. De plus, elles peuvent être effectuées toute l'année. Les éducateurs sont encouragés à mettre en œuvre ces activités plusieurs fois tout au long de l'année scolaire. Cela permettra aux enfants de démontrer leur croissance et aux enseignants d'évaluer leurs progrès.

Pendant que les enfants sont occupés à accomplir leurs tâches, les éducateurs peuvent utiliser ce temps pour mettre en place des ateliers, du matériel et des expériences dans la classe en plein air.

Il est essentiel d'établir des routines pour chaque activité, afin que les enfants puissent prendre en charge leur apprentissage et effectuer les tâches en toute indépendance et confiance.

Conseils

- Attachez les crayons aux presse-papiers avec de la ficelle.
- Passez en revue le comportement « sur la tâche » approprié.
- Prenez des photos d'enfants démontrant un comportement « sur le vif » et partagez-les avec la classe pour montrer à quoi devraient ressembler les routines.
- Apprenez aux enfants à ranger correctement le matériel.
- Assignez un chef de classe ou un moniteur pour être responsable des articles utilisés (c'est-à-dire collecteur de presse-papiers, taille-crayon, loupe).
- Demandez à une classe d'installer des presse-papiers dans un endroit accessible / portable.

Mouvements d'animaux

Discutez avec les enfants de la façon dont différents animaux se déplacent de différentes manières. Faites savoir aux enfants qu'ils vont essayer de se déplacer comme différents animaux. Comme chaque animal est appelé avec un type de mouvement, demandez aux enfants d'imiter le mouvement. Laissez les enfants imiter chaque mouvement pendant au moins 15 secondes. Vous pouvez demander aux enfants de réfléchir à d'autres animaux et à leurs mouvements. Voici quelques idées pour commencer :

- **Oiseau** (battez les bras)
- **Crabe** (asseyez-vous les mains au sol derrière vous, utilisez vos pieds pour soulevez votre corps, marchez vers l'arrière sur vos mains et vos pieds)
- **Canard** (replier les bras, se pencher et se dandiner)
- **Éléphant** (piétinement et bras oscillant devant comme la trompe d'un éléphant)
- **Grenouille** (accroupissez-vous, posez vos mains sur le sol et sautez de haut en bas)
- **Girafe** (marchez en essayant d'étirer votre cou en hauteur)
- **Marmotte** (marchez à genoux et faites semblant de repousser la poussière)
- **Cheval** (galop)
- **Colibri** (bras tournant en avant, puis en arrière)
- **Kangourou** (sauts longs)
- **Lion** (marchez avec les mains et les pieds sur le sol)
- **Singe** (balancez vos bras sur place comme si vous grimpiez à un arbre et faites des grimaces de singe)
- **Paon** (pavanez-vous avec les mains flottant derrière le dos et la tête haute)
- **Pingouin** (dandinez-vous sans plier les jambes et gardez les mains sur les côtés)
- **Lapin** (sautez)
- **Serpent** (rampez comme un serpent en vous poussant sur le ventre)
- **Tortue** (rampez très lentement sur vos mains et vos genoux)
- **Ver** (agitez tout le corps)

Variation - Course de relais d'animaux : les enfants feront non seulement un excellent exercice, mais ils apprendront également l'importance de la coopération et du travail vers un objectif commun. Divisez les enfants en 4 à 6 équipes. Attribuez à chaque enfant un mouvement animal différent pour sa partie du relais. Chaque enfant se déplace comme son animal de la ligne de départ vers un point de retournement désigné pour ensuite retourner au point de départ. La première équipe dont tous les enfants terminent gagne.

|

Jeux de tague

Les jeux de tague sont de bonnes activités physiques car ils créent beaucoup d'excitation et d'intérêt parmi les joueurs. Les jeux de tague augmentent également la fréquence cardiaque et respiratoire, développent la motricité globale et la coordination, et exercent tous les muscles du corps. Parce que les jeux de tague sont généralement joués à l'extérieur, les participants bénéficient également de beaucoup d'air frais et de soleil. Les autres avantages comprennent une augmentation de la capacité de concentration, de meilleures performances à l'école, un risque réduit d'obésité et de ses maladies associées, et augmente l'estime et l'esprit sportif. Que ce soit à l'école ou à la maison avec des amis, les jeux de tague ont une qualité magnétique qui fait que les enfants - et les adultes! - veulent y participer.

Tague « animaux »

1. Choisissez un joueur pour être la tague et choisissez le premier animal que tous les joueurs doivent imiter.

2. Dites aux joueurs qu'ils vont jouer à un jeu de tague dans lequel ils doivent se déplacer comme différents animaux, tout en essayant d'éviter d'être tagués. Expliquez que ce jeu est très rapide et que, toutes les 20 secondes, vous choisirez un nouveau joueur pour être la tague et lui donnerez un animal différent à imiter.

3. Si un joueur ne bouge pas comme l'animal désigné, il doit sortir jusqu'au début du tour suivant.

4. Les joueurs tagués doivent rester figés sur place, mais peuvent être dégelés lorsqu'ils sont touchés par un autre joueur.

5. Après environ 20 secondes, choisissez un nouveau joueur comme tague et donnez aux joueurs un nouvel animal à imiter. Rappelez aux joueurs de se déplacer comme le nouvel animal. Vous pouvez également fournir des indices sur la façon de vous déplacer, comme « sauter comme un kangourou », « balancer votre bras comme la trompe d'un éléphant » ou « branler votre queue comme un lion ».

6. Assurez-vous que chaque joueur a la chance d'être la tague.

Jeux de tague

Tague « chenille »

1. Choisissez un joueur pour être la tague.
2. Expliquez que lorsqu'un joueur est touché, ce joueur doit s'accrocher aux épaules du joueur qui est la tague. Les joueurs se déplacent ensemble dans la pièce, touchant les autres joueurs. Chaque joueur qui est touché rejoint l'extrémité de la chenille et se tient sur les épaules du joueur devant lui.
3. Les joueurs dans la chenille peuvent tous toucher d'autres joueurs, tant qu'ils gardent une main sur le joueur devant eux.
4. Le jeu se termine lorsque tous les joueurs ont rejoint la chenille.

Tague « araignée et mouche »

1. Choisissez un joueur pour être l'araignée. Les autres joueurs seront des mouches.
2. Chaque mouche fait partie de la toile d'araignée. Les mouches touchées et l'araignée doivent se donner la main pour former une longue chaîne. Ces mouches travaillent avec l'araignée pour attraper d'autres mouches, mais seules les mouches aux extrémités de la chaîne peuvent toucher d'autres joueurs.
3. Les joueurs peuvent courir sous les bras des mouches pour éviter d'être pris. Le dernier joueur devient la prochaine araignée.

Tague « arc-en-ciel »

1. Installez deux lignes à environ 20 mètres de distance.
2. Choisissez un joueur pour être le chasseur d'arc-en-ciel qui se tiendra au milieu des deux lignes.
3. Dites aux joueurs qu'une couleur de l'arc-en-ciel leur sera attribuée : rouge, orange, jaune, vert, bleu, violet. Chuchotez une couleur différente à chaque joueur pour que le chasseur d'arc-en-ciel ne l'entende pas.
4. Une fois les couleurs attribuées, le chasseur d'arc-en-ciel appelle une couleur. Les joueurs qui ont cette couleur courent vers l'autre ligne, essayant de ne pas se faire toucher.
5. Lorsque le chasseur d'arc-en-ciel touche un joueur, ce joueur va au milieu pour l'aider à toucher d'autres joueurs.
6. Au lieu d'appeler une couleur individuelle, le chasseur d'arc-en-ciel peut parfois dire « arc-en-ciel! » donc tous les joueurs doivent courir en même temps.
7. Le dernier joueur devient le prochain chasseur d'arc-en-ciel.

Jeux de parachute

Les jeux de parachute sont des activités physiques modérées qui ont un effet excitant et parfois apaisant sur les participants. La beauté gonflée et gracieuse du parachute et le bruissement du tissu provoquent souvent des sentiments d'étonnement et d'émerveillement. Les jeux de parachute encouragent la coopération entre les participants et constituent une bonne base pour des activités de jeu non compétitives. Les jeux de parachute renforcent les muscles des épaules, du haut des bras et des mains et aident les participants à développer des compétences perceptuelles et rythmiques. Ces jeux très intéressants sont particulièrement amusants à jouer à l'extérieur par une journée chaude et ensoleillée.

Vagues de l'océan

Demandez à tous les joueurs de saisir les bords du parachute au sol et de le secouer de haut en bas avec de petits mouvements. Imaginez que vous faites des vagues océaniques, des dunes de sable, une pizza au fromage bouillonnante, etc.

L'équilibre

Demandez à tous les joueurs de tenir fermement les bords du parachute. Tout d'un coup, tout le monde se penche en arrière tout en se tenant aux bords. Tout le monde sera pleinement soutenu par le parachute et le poids des autres joueurs. Utilisez la discrétion de l'enseignant pour cette activité!

Course arc-en-ciel

Demandez aux joueurs de choisir leur couleur préférée ou attribuez une couleur à chaque joueur. Tout le monde fait lentement monter et descendre le parachute. Lorsque le parachute est levé, annoncez une couleur et demandez à ces joueurs de passer sous le parachute de l'autre côté avant que le parachute ne descende. Encouragez différentes actions à réaliser lors du passage sous le parachute (par exemple, ramper, marcher, sauter, etc.).

|

Jeux de parachute

Attention aux bosses!

Demandez à certains joueurs de saisir les bords du parachute et à certains joueurs de se tenir à l'extérieur. Jetez quelques balles ou des poches sur le parachute. Les joueurs tenant le parachute doivent travailler ensemble pour lancer les balles ou les poches et les joueurs à l'extérieur travaillent ensemble pour remettre les balles ou les poches en place.

Le jeu du maïs soufflé

Demandez aux joueurs de s'entraîner à soulever le parachute au-dessus de leur tête et à reculer dans un mouvement rapide et fluide. Ensuite, lancez des balles légères sur le parachute et propulsez-les en l'air.

Le conte de l'océan

Racontez l'histoire dramatique d'un navire sur l'océan. Demandez aux joueurs de faire de grands, moyens ou petits mouvements avec le parachute pour représenter les types de vague de l'histoire.

Switch

Ordonnez à tous les joueurs de s'accrocher aux bords du parachute et de le faire monter et descendre. Appelez les noms de deux joueurs qui sont de part et d'autre du parachute. Les deux joueurs courent sous le parachute, se tapent dans la main alors qu'ils se rencontrent en dessous, puis continuent de l'autre côté pour prendre la place de l'autre.

Attention aux vagues!

Lancez un ballon de plage sur le parachute et demandez aux joueurs de le déplacer en créant différentes tailles de vagues.

Les dents de la mer

Choisissez un joueur pour être le premier requin. Les autres joueurs saisiront les bords du parachute et le maintiendront à hauteur de taille. Le requin passe sous le parachute et tient une main pointée vers le haut au-dessus de sa tête pour ressembler à une nageoire de requin poussant contre le parachute. Le requin se déplace, tandis que les autres joueurs font des bruits de vagues et des vagues avec le parachute. Le requin se déplace rapidement pour « mordre » un joueur en saisissant sa jambe et ce joueur passe sous le parachute pour devenir un deuxième requin. Maintenant, les deux joueurs peuvent saisir d'autres joueurs. Le jeu se termine lorsque tout le monde a été amené sous le parachute.

Yoga

Le yoga est une merveilleuse forme d'exercice pour calmer l'esprit et réchauffer, étirer et renforcer les muscles et le corps. Les mouvements lents augmentent doucement la respiration et le flux sanguin, ce qui à son tour alimente les muscles et les tissus et augmente la flexibilité. Les enfants bénéficient d'étirements et de mouvements doux qui se font de manière calme et tranquille, laissant les enfants se sentir calmes, paisibles, flexibles et prêts à entreprendre des activités plus vigoureuses et énergiques. N'oubliez pas que chaque corps est différent, de sorte que la pose de chaque enfant peut également être légèrement différente de celle de son voisin. L'accent ne doit pas être mis sur la réalisation de poses parfaites et doit être adapté au besoin à chaque enfant.

Commencer

- Idéalement, les enfants devraient porter des vêtements confortables et s'entraîner pieds nus sur des tapis de yoga individuels ou de l'herbe douce.
- Vous voudrez peut-être donner le ton du yoga en jouant de la musique douce et apaisante.
- Assurez-vous que les enfants ont suffisamment d'espace personnel pour participer.
- Soyez un bon modèle et montrez toujours les poses pour les enfants, plutôt que d'expliquer quoi faire.
- Ne vous attendez pas à ce que les enfants se rappellent comment faire les différentes poses. Soyez patient et passez en revue. Vous pouvez demander aux enfants de montrer et d'expliquer les poses qu'ils connaissent.

La respiration

- Respirer profondément et régulièrement est important dans le yoga, car cela nous donne de l'énergie pour notre corps et nous garde calmes et concentrés.
- N'oubliez pas d'inspirer par le nez, jusque dans le ventre. Sentez votre ventre grossir lorsque vous inspirez, et redevenir plus petit lorsque vous expirez.
- Essayez de toujours expirer par le nez. Si vous travaillez très fort, vous devrez peut-être expirer par la bouche.

D'autres idées

- Encouragez les enfants à être créatifs et à inventer leurs propres poses et mouvements uniques. Invitez les enfants à enseigner à leurs pairs leurs créations.
- Racontez des histoires imaginatives comme tremplin pour faire différentes poses de yoga. Par exemple, imaginez que vous partez en voyage à travers la forêt. Faites des poses comme un arbre, une grenouille, etc., au fur et à mesure qu'elles apparaissent dans l'histoire.

|

L'arbre

Devenons grands et forts comme un arbre.

1. Tenez-vous droit, les bras à vos côtés et les pieds joints.

2. Imaginez que vos pieds sont les racines, profondément dans le sol.

3. Inspirez. Soulevez vos bras à vos côtés. Cela vous aidera à équilibrer. Tirez votre nombril vers votre colonne vertébrale pour un tronc d'arbre solide.

4. Déplacez votre poids sur une jambe.

5. Faites glisser votre autre pied le long de cette jambe et placez le bas de votre pied contre votre cuisse ou sous votre genou. Tournez le genou.

6. Soulevez et étirez vos bras vers le haut comme les branches d'un arbre poussant au soleil.

7. Ensuite, posez vos mains devant votre poitrine et appuyez vos paumes ensemble dans la pose de salutation.

|

L'arc-en-ciel

Montrons toutes les belles couleurs de l'arc-en-ciel.

1. À genoux ou debout, inspirez en levant les deux bras au-dessus de votre tête.

2. Abaissez un bras. Expirez lentement pendant que vous passez l'autre bras sur votre tête vers l'épaule opposée pour créer une forme d'arc-en-ciel.

3. Maintenez la position. Tirez sur votre nombril pour garder votre arc-en-ciel grand, beau et lumineux. Montrez toutes les couleurs!

4. Inspirez en redressant lentement votre corps et revenez à la position de départ.

5. Faites maintenant un arc-en-ciel avec votre autre bras.

La montagne

Tenez-vous debout comme une puissante montagne.

1. Tenez-vous debout avec les pieds joints ou les pieds plus écartés. Pointez vos orteils vers l'avant.

2. Gardez vos bras à vos côtés.

3. Appuyez vos épaules en arrière.

4. Rendez votre corps grand, droit et fort, comme une puissante montagne.

5. Inspirez et expirez profondément et lentement.

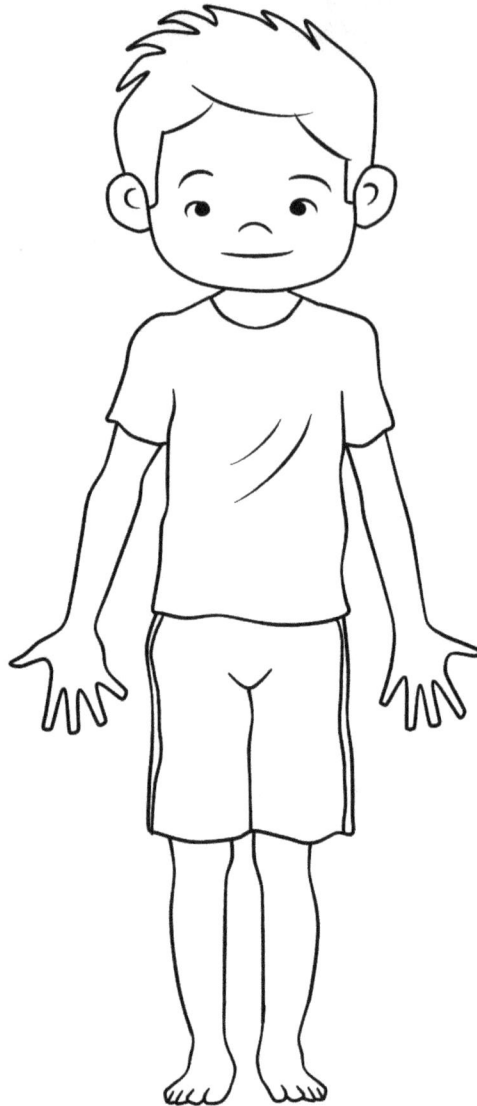

L'enfant

Reposons nos corps sur le sol comme un petit enfant.

1. Agenouillez-vous sur le sol avec vos pieds ensemble, et aplatissez vos pieds derrière vous, les ongles des pieds sur le sol.

2. Asseyez-vous sur vos talons avec vos genoux légèrement écartés.

3. Abaissez lentement votre front au sol. Gardez vos fesses sur vos talons.

4. Placez vos bras à côté de votre corps vers l'arrière, avec vos paumes vers le haut.

5. Tenez la pose. Détendez votre corps comme un bébé endormi, calme et paisible. Puis lentement asseyez-vous à nouveau.

Le crocodile

Levons notre poitrine comme un crocodile ouvrant la bouche.

1. Allongez-vous sur votre ventre avec votre front touchant le sol, vos pieds tendus derrière vous et serrant vos fesses.

2. Amenez vos bras devant votre tête, puis placez chaque main sur vos bras au niveau du coude. Posez votre front sur vos bras.

3. Inspirez à travers le nez tandis que vous soulevez votre poitrine du sol, bien haute, comme quand un crocodile ouvre sa grande bouche.

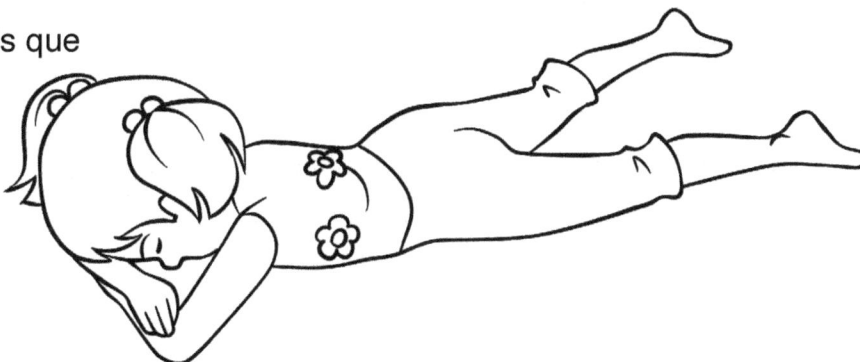

4. Expirez en redescendant le haut du corps au sol.

Pose de yoga

Le chameau

Levons notre poitrine en hauteur comme la bosse d'un chameau.

1. Allez à genoux sur le sol, les pieds à plat derrière vous, les ongles des pieds sur le sol.

2. Gardez votre corps droit.

3. Placez la paume de vos mains sur le bas de votre dos. Serrez vos fesses en poussant vos hanches vers l'avant. Essayez de garder vos hanches au-dessus de vos genoux.

4. Levez doucement les yeux, cambrez votre dos et inclinez-vous vers l'arrière.

5. Soulevez votre poitrine comme une bosse de chameau.

L'étoile filante

Faisons scintiller les étoiles comme des étoiles filantes.

1. Asseyez-vous droit et amenez votre nombril jusqu'à votre colonne vertébrale. Croisez vos jambes.

2. Lorsque vous inspirez, rejoignez vos mains au-dessus de votre tête, paumes l'une en face de l'autre.

3. Lorsque vous expirez, agitez vos doigts comme de petites étoiles scintillantes, tandis que vous ramenez lentement vos mains avec les bras écartés.

4. Répéter.

La grenouille

Accroupissons-nous comme une grenouille prête à sauter par-dessus une bûche.

1. Tenez-vous les pieds écartés à la largeur des épaules et accroupissez-vous.

2. Tout en restant en équilibre sur vos orteils, gardez vos genoux écartés.

3. Mettez vos mains sur le sol entre vos genoux.

4. Regardez droit devant et inspirez. Vous êtes comme une grenouille. Dites « rabbit! »

5. Lorsque vous expirez, gardez vos mains sur le plancher tout en redressant vos jambes pour que vos fesses montent. Baissez la tête vers vos genoux.

6. Revenez à la position accroupie et répétez.

Le lion

Devenons un lion, le puissant roi de la jungle.

1. Agenouillez-vous au sol et asseyez-vous sur vos pieds.

2. Placez vos mains sur vos cuisses et étirez vos bras.

3. Écartez vos doigts, évasez vos narines et ouvrez grand les yeux.

4. Ouvrez grand la bouche comme un gros lion qui bâille et sortez votre langue.

5. Courbez le bout de votre langue vers votre menton. Inspirez profondément.

6. Expirez avec un rugissement comme un lion puissant!

Le poisson

Bombons notre poitrine comme un poisson qui respire à travers ses branchies.

1. Allongez-vous sur le dos, les genoux pliés et les pieds à plat au sol.

2. Soulevez légèrement les fesses du sol. Glissez vos mains, vos paumes vers le bas, sous vos fesses et déplacez vos bras sous votre corps. Abaissez votre corps pour que vos fesses reposent sur le dos de vos mains.

3. Appuyez fermement vos avant-bras et vos coudes contre le sol. Serrez vos omoplates ensemble.

4. Inspirez. Archez votre dos pour soulever votre dos et éloignez-vous du sol.

5. Laissez doucement la couronne ou l'arrière de votre tête reposer sur le sol. Gardez la tête en contact avec le sol très légèrement pour éviter de vous blesser au cou. Poussez vos talons vers l'avant. Gardez le poids sur vos coudes pour éviter que le poids soit sur votre tête.

6. Imaginez que vous respirez à travers les branchies des poissons.

7. Expirez. Appuyez à nouveau sur vos coudes et faites glisser doucement votre tête en arrière, en ramenant votre corps et votre tête au sol.

Pose de yoga

Le chat

Étirons et réchauffons notre colonne vertébrale en faisant semblant d'être notre chat préféré.

1. Mettez-vous à quatre pattes au sol comme une table.

2. Aplatissez votre dos et regardez directement vers le sol en dessous de vous.

3. Lorsque vous inspirez, laissez tomber votre ventre vers le sol comme un chat et levez lentement la tête et le cou, donc vous regardez vers l'avant.

4. Lorsque vous expirez, soulevez votre ventre et la colonne vertébrale de sorte que votre dos est arqué comme un chat qui s'étire. Pliez votre cou et regardez vers votre nombril.

5. Terminez en aplatissant votre dos et en regardant directement le sol en dessous de vous.

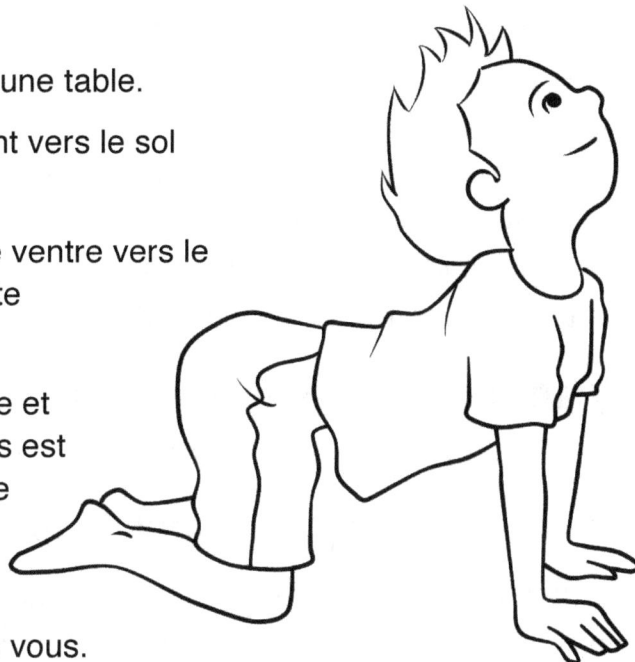

Le cerf-volant

Devenons un cerf-volant planant haut dans le ciel.
1. Tenez-vous droit avec les pieds écartés.

2. Inspirez en levant les bras vers les côtés. Soulevez lentement votre pied gauche du sol.

3. Expirez en vous penchant sur le côté et en levant la jambe gauche plus haut. Stabilisez vos yeux pour aider à garder votre équilibre.

4. Vous êtes comme un cerf-volant! Sentez le soleil chaud. Votre souffle est le vent.

5. Continuez à tirer votre nombril vers votre colonne vertébrale pour un ventre fort.

6. Abaissez votre pied au sol et tenez-vous debout avec les pieds et les bras écartés.

7. Répétez la pose avec la jambe droite.

Promenades en nature

Les promenades en nature sont un moyen amusant et efficace pour les enfants de s'immerger dans l'environnement extérieur. Lors d'une promenade dans la nature, les enfants peuvent rechercher différents objets de la nature en utilisant leurs différents sens. Permettez aux enfants de prendre des photos numériques de ce qu'ils trouvent, puis d'afficher les photos sous forme de collage en classe, ou de les trier selon différentes règles et catégories. En d'autres occasions, les éducateurs peuvent souhaiter que les enfants ramassent des objets dans un seau ou un sac en papier pour partager plus tard leurs découvertes.

Suggestion de lecture à haute voix

« Une balade avec Dame Forêt » par Catherine Bidet

Trouver la symétrie dans la nature

Le monde naturel est plein de lignes symétriques, par exemple, les feuilles, les flocons de neige, les fruits, les légumes et les insectes. Présentez aux enfants des exemples de symétrie tels que des fleurs ou des feuilles, des images d'animaux ou de papillons. Expliquez aux enfants que la symétrie signifie exactement la même chose de chaque côté, reflétée comme des images miroir. Pendant une promenade en nature, demandez aux enfants de collecter ou de prendre des photos de divers objets de la nature tels que des pétales de fleurs, des bâtons, des souches d'arbre, des pommes de pin, des roches, des coquillages, etc. Dans un groupe entier, demandez aux enfants de présenter leurs objets ou leurs photos et de parler de pourquoi ils pensent que leurs résultats sont symétriques. Pour approfondir l'activité, collez un morceau de ficelle sur le sol pour faire une ligne miroir. Demandez aux enfants de créer leurs propres modèles symétriques à l'aide des paires d'objets collectés lors de la marche dans la nature qui ont été classés, et de les placer de chaque côté de la ficelle.

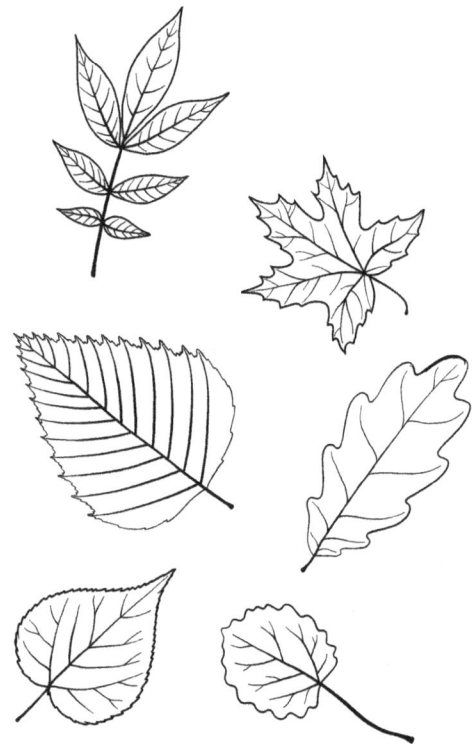

Suggestion de lecture à haute voix

« Qu'est-ce que la symétrie » par Bobbie Kalman

Idées de promenades en nature

Modèles dans la nature

La nature regorge de motifs qui peuvent être observés et décrits. Faites un remue-méninges avec les enfants pour créer une liste de modèles simples et prévisibles retrouvés dans la nature, comme la façon dont chaque jour le ciel change du matin au soir. Le soleil se lève, puis le soleil se couche. Les feuilles des arbres changent en fonction des saisons. D'autres motifs qui peuvent être observés et décrits comprennent les nervures d'une feuille, les spirales sur une coquille, les pétales de fleurs, l'écorce des arbres et bien plus encore. Gardez un journal d'apprentissage en classe de ces résultats. De plus, certains objets de la nature peuvent être idéaux à utiliser pour une gravure.

Suggestion de lecture à haute voix

« L'arbre au fil des saisons » par Sunkyung Kim

Sons dans la nature

Les sons nous entourent. Dans cette activité, les enfants pratiquent l'écoute attentive. L'écoute attentive aide les enfants à choisir les sons spécifiques sur lesquels concentrer leur attention. À mesure que les enfants apprennent à maîtriser eux-mêmes comment concentrer leur attention, ils acquièrent des compétences d'autogestion et sont plus en mesure d'écouter de manière ciblée ce que les gens disent. Demandez aux enfants s'ils savent quels animaux ont le meilleur sens auditif, comme les hiboux.

Pendant que les enfants devinent, donnez divers indices comme pour « la chouette », dites « oiseau », « hou », etc. Expliquez aux enfants que l'ouïe d'un hibou est plus sensible que celle d'un être humain puisqu'il doit chasser la nuit. Ils peuvent entendre de loin et les hiboux ont des oreilles inégales qui aident à déterminer le son provenant de différentes directions. Demandez aux enfants de faire une promenade dans la nature en mettant l'accent sur l'écoute des sons proches et éloignés. Ensuite, réunissez-vous en groupe et partagez les sons qu'ils ont entendus. Pour entamer la discussion, vous pourriez demander : Quel genre de sons ont-ils entendu de loin? Quel genre de sons ont-ils entendu à proximité? Qu'est-ce qui semble provenir des êtres vivants? Quels sons venaient des choses non vivantes? Quels types de sons entendent-ils s'ils restent assis en silence pendant trente secondes par opposition à se promener et à écouter?

Suggestion de lecture à haute voix

« The Listening Walk" » par Paul Showers

Signes du printemps - Enquête

La température se réchauffe.	Oui	Non
Les arbres font pousser des feuilles.	Oui	Non
L'herbe est verte.	Oui	Non
Le soleil se couche plus tard.	Oui	Non
Les oiseaux reviennent.	Oui	Non
Les agriculteurs plantent des cultures.	Oui	Non
Les animaux qui hibernent en hiver sortent.	Oui	Non
Nous avons un temps pluvieux et des flaques d'eau.	Oui	Non
Les plantes commencent à germer.	Oui	Non
La neige a fondu.	Oui	Non
Nous portons parfois des imperméables et des vestes.	Oui	Non

Est-ce le printemps? Explique ta pensée.

_____

_____

La chasse au trésor de _____

Graines ou noix	**Chants d'oiseaux**	**Fleurs**	**Bulbes de fleurs**
		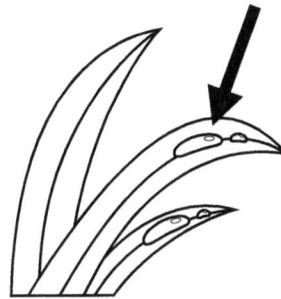	
Herbe	**Ver de terre**	**Rosée**	**Feuilles vertes**
		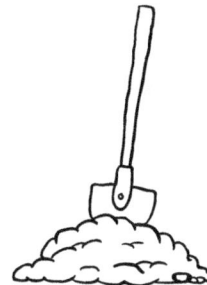	
Flaque d'eau	**Un animal**	**Terre fraîche**	**Plume**

Les signes de l'été - Enquête

La température est généralement chaude.	Oui	Non
Les plantes poussent.	Oui	Non
L'herbe est verte.	Oui	Non
Les journées sont longues.	Oui	Non
Il y a plein d'animaux dehors.	Oui	Non
Les fleurs fleurissent.	Oui	Non
L'air est humide.	Oui	Non
Il y a moins de pluie.	Oui	Non
Nous passons beaucoup de temps à l'extérieur.	Oui	Non
Il y a beaucoup d'insectes.	Oui	Non
Nous portons des shorts, des chapeaux et des T-shirts.	Oui	Non

Est-ce l'été? Explique ta pensée.

_____

_____

La chasse au trésor de _____

Pissenlits

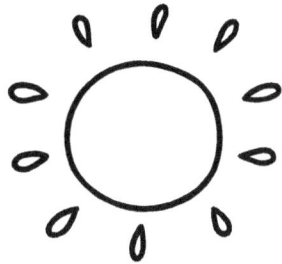

Soleil chaud sur ton visage

Papillon

Chants d'oiseaux

Une feuille plus grande que ta main

Herbe verte

Fleurs

Nuage blanc moelleux

Nid d'oiseau

Libellule

Insecte

Roche

Les signes de l'automne - Enquête

L'air se refroidit.	Oui	Non
Le soleil se couche plus tôt.	Oui	Non
Les jours raccourcissent.	Oui	Non
Les feuilles changent de couleur.	Oui	Non
Les feuilles commencent à tomber.	Oui	Non
Les oiseaux sont prêts à voler vers le sud.	Oui	Non
Les récoltes sont prêtes pour la cueillette.	Oui	Non
Nous célébrerons l'Action de grâce.	Oui	Non
Les écureuils font des provisions.	Oui	Non
L'herbe est mouillée de rosée.	Oui	Non
Nous portons des vestes pour rester au chaud.	Oui	Non

Est-ce l'automne? Explique ta pensée.

_____

_____

La chasse au trésor de _____

Feuille brune

Feuille jaune

Feuille rouge

Feuille sèche

Pomme de pin

Gland

Écorce d'arbre

Racines d'arbres

Plume

Herbe

Bâton

Roche

Les signes de l'hiver - Enquête

La température est froide.	Oui	Non
Les arbres sont nus.	Oui	Non
Le sol est dur et froid.	Oui	Non
Il y a moins d'oiseaux.	Oui	Non
Le sol peut être glacé et glissant.	Oui	Non
Nous célébrerons le Nouvel An.	Oui	Non
Il y a un temps neigeux et venteux.	Oui	Non
Les plantes cessent de pousser.	Oui	Non
Il y a moins de soleil.	Oui	Non
L'herbe est recouverte de neige.	Oui	Non
Nous portons des manteaux, des mitaines et des chapeaux.	Oui	Non

Est-ce l'hiver? Explique ta pensée.

_____

_____

La chasse au trésor de _____

Glaçon	**Neige**	**Oiseau**	**Pomme de pin**
	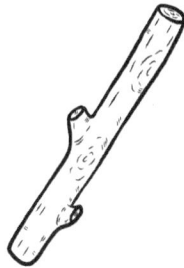		
Aiguilles de pin	**Brindille**	**Empreintes**	**Traces d'animaux**
	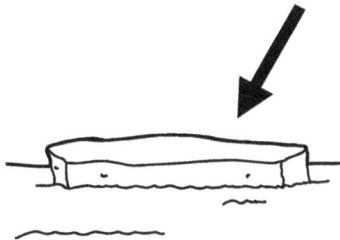		
Écorce d'arbre	**Glace**	**Un arbre sans feuilles**	**Pin**

Chasse aux objets vivants et non vivants de

_____

Explore l'extérieur
Dessine et étiquète les choses que tu trouves qui sont des choses vivantes et non vivantes.

Faire une prédiction
Vas-tu trouver plus de choses vivantes
ou non vivantes lors de ta chasse?

❑ Vivantes
❑ Non vivantes

Vivantes

Non vivantes

Ta prédiction était-elle vraie?   ❑ Oui   ❑ Non
Écris tes observations.

_____

_____

La chasse aux textures de _____

Nous touchons et ressentons avec les mains et la peau.

Explore l'extérieur

Dessine et étiquète les choses que tu trouves qui ont ces textures.

Quelque chose de doux	**Quelque chose de rugueux**
Quelque chose de dur	**Quelque chose de mou**
Quelque chose de mouillé	**Quelque chose de sec**
Quelque chose de collant	**Quelque chose de cahoteux**

La chasse aux formes de _____

Peu importe où tu vis, tu peux voir différentes formes à l'extérieur dans la nature.

Explore l'extérieur

Dessine et étiquète les choses que tu repères qui ont ces formes.

● **Cercle**

■ **Carré**

▲ **Triangle**

■ **Rectangle**

La chasse aux formes de _____

Peu importe où tu vis, tu peux voir différentes formes à l'extérieur dans la nature.

Explore l'extérieur

Dessine et étiquète les choses que tu repères qui ont ces formes.

⬤ **Ovale**

◆ **Losange**

⬣ **Hexagone**

Autre?

Chasse aux traces d'animaux communs

Chat domestique	**Chien domestique**	**Souris**	**Lapin**

Oie	**Renard**	**Écureuil**	**Cerf**

Moineau	**Goélands**	**Taupe**	**Raton laveur**

Chasse aux feuilles canadiennes

Érable

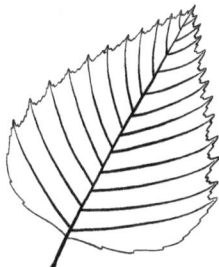

Bouleau

Chêne

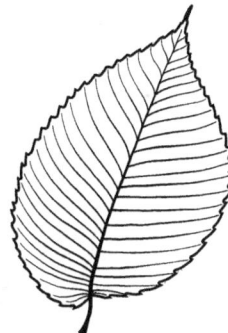

Orme

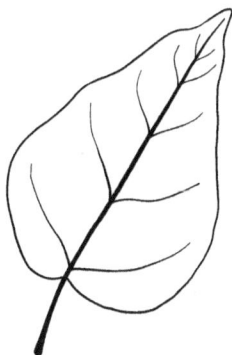

Lilas

Saule

Frêne

Aspen

Tilleul

Peuplier

Sobrier

Magnolia

Cartes de chasse au trésor en plein air

Trouve 7 feuilles vertes.

Trouve 2 glands.

Forme un cercle avec 10 roches.

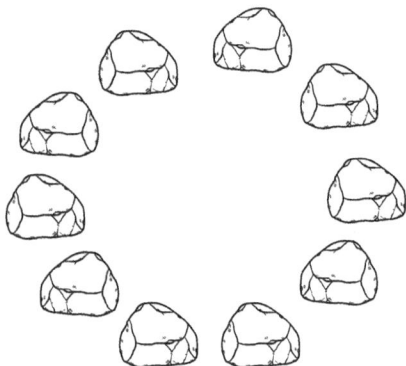

Trouve 1 plume.

Trouve 9 noix ou graines.

Forme un triangle avec 3 brindilles.

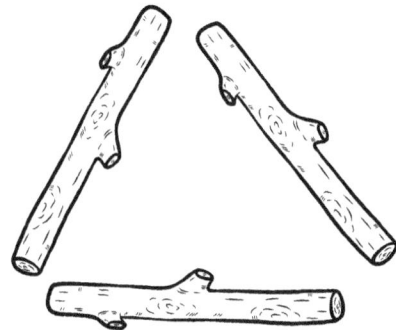

Trouve 5 fleurs qui poussent.

Forme un carré avec 4 épines de pin.

Cartes de chasse au trésor en plein air

Trouve 6 feuilles différentes.

Trouve 3 pommes de pin.

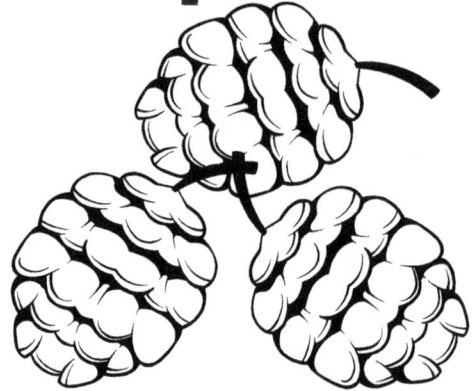

Forme un rectangle avec 6 bâtons.

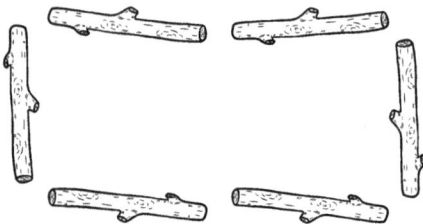

Trouve 1 feuille d'érable.

|

Activités de plein air pour le printemps

Différentes couleurs

Récupérez les éclats de peinture d'une quincaillerie ou d'un magasin de peinture local. Offrez aux enfants une gamme de couleurs différentes et demandez-leur de rechercher des objets de la nature ou des matériaux dans la classe en plein air qui correspondent aux différents éclats de peinture.

Pots de fleurs du printemps

Demandez aux élèves d'apporter des pots de fleurs. Fournissez de la terre et des graines de fleurs aux enfants pour les planter. Passez en revue le processus de croissance d'une plante à fleurs. Gardez un journal d'apprentissage des observations pendant que la graine se transforme en fleur.

Pinceau naturel

Encouragez les enfants à ramasser une variété de feuilles épaisses. Attachez les feuilles ensemble pour créer un bouquet. Fixez le bouquet au bout d'un bâton et peignez!

Fabriquer une mangeoire à oiseaux

Fournissez aux enfants une variété de matériaux recyclés, de ruban adhésif et de ficelle. Demandez aux enfants de concevoir et de créer une mangeoire pour les oiseaux. Remplissez les mangeoires de graines et accrochez-les aux arbres dans la salle de classe en plein air.

Tableau d'observation d'oiseaux

Faites un remue-méninges ou remettez aux enfants un tableau des différents types d'oiseaux trouvés dans votre région. Demandez aux enfants de compter les différents oiseaux qu'ils repèrent dans la classe en plein air. Discutez des caractéristiques similaires et différentes des oiseaux observés. Tenez un journal d'apprentissage en classe.

Associer les graines

Apportez une variété de graines à examiner par les enfants. Imprimez les photos des plantes auxquelles chaque type de graine correspond. Demandez aux enfants de deviner quelle plante devient quelle graine ou fleur.

Jardin de classe

Plantez un jardin de classe. Trouvez une zone définie dans la salle de classe extérieure. Présentez le concept de jardin de classe. Décrivez les étapes de la plantation d'un jardin :

1. désherber le jardin et préparer le sol

2. plantation de graines et, ou de plantes, paillage

3. arrosage, désherbage

4. récolte

Décidez en classe de ce que vous planterez. Sollicitez l'aide de la communauté scolaire pour soutenir le jardin grâce à des dons d'outils de jardinage, de graines, de terre, etc. Organisez un programme d'entretien du jardin. Tenez un journal des progrès de l'apprentissage en classe.

Suggestion de lecture à haute voix

« Dans le jardin » par Irene Penazzi

Collage printanier

Demandez aux enfants de rassembler une variété d'articles qui représentent le printemps. Fournissez aux enfants un protecteur de feuille ou du ruban adhésif transparent. À l'aide de colle ou de ruban adhésif, demandez aux enfants d'organiser leurs articles de manière créative. Accrochez des collages aux fenêtres de la salle de classe ou utilisez des épingles à linge et enfilez-les le long d'une clôture à l'extérieur.

Bouteilles sensorielles d'automne

Demandez aux enfants de collecter un élément naturel qui représente le printemps. Utilisez des bouteilles recyclées, laissez les enfants placer leur article dans une bouteille, puis remplissez-la d'eau. Collez le couvercle sur la bouteille pour éviter les fuites. Ajoutez une pincée de paillettes ou confettis pour un effet visuel amélioré. Laissez les enfants secouer, jouer et examiner leurs bouteilles sensorielles.

Tricot de nature

Créez un cadre en bois naturel à l'aide de quatre bâtons attachés ensemble. Utilisez une ficelle fine et solide. Amenez la ficelle sur le haut du cadre, enroulez-la verticalement et attachez-la en bas. Répétez tout le long du cadre et essayez d'espacer la ficelle uniformément. Invitez les enfants à tisser des objets naturels dans le cadre.

Décoration de roches

Invitez les enfants à trouver une roche à décorer. Fournissez aux enfants une variété de matériaux : peinture, marqueurs, yeux mobiles et autres fournitures d'artisanat. Encouragez les enfants à transformer leur roche en créatures roches de compagnie.

Activités de plein air pour l'été

Chasse aux fleurs

Demandez aux enfants de se promener dans la classe en plein air et d'identifier tous les différents types de fleurs dans la cour. Sur un tableau de classe, demandez aux enfants de compter les différents types de fleurs. Discutez des similitudes et des différences entre les fleurs en utilisant des compétences d'observation.

Échantillons de sol

Demandez aux enfants de ramasser la terre de différentes parties de la classe en plein air. Placez l'échantillon de sol sur du papier blanc ou du papier journal. Comparez la couleur, la texture et la densité du sol. Prédisez quelle terre est la meilleure pour la croissance.

Chasse aux insectes

Faites un remue-méninges ou fournissez aux enfants un tableau des différents types d'insectes. Demandez aux enfants de compter les divers insectes qu'ils repèrent dans la classe en plein air. Permettez aux enfants d'attraper les insectes à examiner à l'aide de filets maillés. Discutez des caractéristiques similaires et différentes des insectes observés. Relâchez les insectes dans leur environnement naturel.

Soleil fondant

Remplissez un moule à muffins ou un plateau avec divers articles, dont certains vont fondre au soleil (c'est-à-dire, crayons de couleur, jouets, glaçons, marqueur, morceau de chocolat, beurre, pièce de monnaie, marbre, etc.). Demandez aux enfants de prédire quels articles vont fondre. Placez les objets en plein soleil et enregistrez les observations.

Activités de plein air pour l'été

Construire un hôtel à insectes

Explorez les types d'habitats qui existent déjà dans votre classe en plein air. Mettez les enfants au défi de concevoir et de construire un hôtel à insectes en utilisant des matériaux naturels de la classe en plein air tels que des brindilles, des pommes de pin, de l'herbe, des cailloux, etc. Fournissez aux enfants des conteneurs recyclés, de la ficelle, de la paille ou du foin. Discutez avec les enfants de ce qu'ils pourraient ajouter à leur hôtel à insectes pour attirer des créatures comme des morceaux de sucre, etc. Partagez les maisons à l'aide d'une galerie et observez quelles créatures sont venues visiter.

Soupe d'été

Demandez aux enfants de collecter divers articles naturels qui représentent l'été (c'est-à-dire des pétales de fleurs, des brindilles, des feuilles, de l'herbe, des graines.) Dans une grande casserole, laissez les enfants mélanger leurs articles pour créer une soupe d'été. Laissez les enfants observer et jouer avec leur création, mais assurez-vous qu'ils ne la goûtent pas!

Art de l'ombre

Par une journée ensoleillée, placez les enfants par deux et fournissez-leur un morceau de craie. Demandez à l'un des partenaires de se tenir debout et mettez l'autre partenaire au défi de tracer son ombre. Changez de rôle et admirez les créations grâce à une visite de la galerie.

Bulbe mystère

Montrez aux enfants comment planter un bulbe et encouragez-les à prédire ce qu'il deviendra. Plantez le bulbe quelque part dans la salle de classe extérieure. Encouragez les enfants à arroser et à prendre soin du bulbe.
Laissez les enfants continuer à deviner jusqu'à ce que la plante fleurisse.

Pot à sédiments

Invitez les enfants à prélever un échantillon de terre. Mélangez la terre dans un bocal puis laissez reposer quelques jours. Remarquez les différentes couches de terre et dessinez et étiquetez chacune.

Activités de plein air pour l'automne

Gravure de feuilles

Demandez aux enfants de cueillir une feuille dans la classe en plein air. Demandez-leur ensuite d'appuyer soigneusement leur feuille sur une plaque de papier avec de la peinture. Ensuite, appuyez la feuille peinte sur un morceau de papier. Encouragez les enfants à créer des arrangements de feuilles intéressants. De plus, avec l'ensemble du groupe, comparez la similitude ou la différence de l'empreinte de leur feuille avec leur vraie feuille.

Frottements d'écorce

En utilisant des crayons dont les emballages ont été retirés, demandez aux enfants de créer des frottements avec différentes écorces d'arbres. La texture rugueuse de l'écorce d'un arbre est un excellent moyen d'initier les enfants aux surfaces et textures dans leur environnement naturel.

Biscuits aux arbres

Présentez aux enfants des biscuits d'arbre de différentes tailles et formes. Discutez de la façon dont une nouvelle couche d'écorce pousse chaque année. Les anneaux de l'écorce d'un arbre indiquent le nombre de couches d'écorce qu'il contient. Demandez aux enfants de déterminer l'âge de l'arbre en fonction du nombre d'anneaux sur chaque biscuit aux arbres.

Construire une tour

Mettez les enfants au défi de voir qui peut construire la plus haute tour à partir de matériaux naturels trouvés dans la salle de classe extérieure.

Tri des feuilles

Demandez aux enfants de collecter les feuilles de la classe en plein air, puis de les trier en différentes catégories (c'est-à-dire, couleur, type, forme, texture). Ensuite, créez un graphique en utilisant les feuilles et les différentes catégories.

Activités de plein air pour l'automne

Tableau d'observation des couleurs de l'automne

À l'aide d'un tableau, invitez les élèves à repérer et à comptabiliser toutes les différentes couleurs de feuilles dans la classe en plein air. Discutez de quelle couleur a le plus de feuilles, quelle couleur a le moins de feuilles et pourquoi.

Tableau d'observation des arbres

Demandez aux enfants de se promener dans la classe extérieure et d'identifier tous les différents types d'arbres dans la cour. Sur un tableau de classe, demandez aux enfants de compter les différents types d'arbres. Discutez des similitudes et des différences entre les arbres en utilisant des techniques d'observation. Invitez les enfants à considérer la taille, la couleur, la texture, la hauteur, les feuilles, etc. des arbres. Discutez des différences entre les conifères et les feuillus.

Pile de feuilles

Discutez avec les enfants de ce qui, selon eux, arrive aux feuilles en hiver. Expliquez aux enfants pourquoi les gens ramassent souvent les feuilles qui tombent pour protéger l'herbe dans leur jardin. Fournissez aux enfants des râteaux et des gants et demandez-leur d'empiler les feuilles dans la classe en plein air. Mettez des groupes d'élèves au défi de collecter le plus de feuilles et de faire le plus grand tas.

Radeau de brindille

Demandez aux enfants de rassembler des brindilles autour de la classe en plein air. Donnez aux enfants du fil et des ciseaux. Mettez les enfants au défi de construire un radeau à partir de brindilles qui flotteront dans un bac d'eau. Testez les radeaux et enregistrez les observations dans un tableau de classe.

|

Activités de plein air pour l'hiver

Constructions de neige

Offrez aux enfants une variété de flacons vaporisateurs et gicleurs recyclés. Remplissez chaque bouteille d'eau et d'une couleur différente de colorant alimentaire. Demandez aux enfants de créer des dessins, des messages et des dessins dans la neige.

Attraper des flocons de neige

Donnez à chaque enfant un morceau de papier de construction noir. Invitez les enfants à « attraper des flocons de neige » sur leur papier de construction pour inspection. Encouragez les enfants à utiliser une loupe pour observer de près les flocons de neige. Après avoir examiné attentivement leurs flocons de neige, demandez aux enfants de dessiner certaines structures qu'ils voient et de comparer avec d'autres.

Trésor de bloc de glace

Placez quelques petits jouets ou objets dans un récipient d'eau et congelez-les pendant la nuit. Fournissez aux enfants une variété d'outils, de marteaux en plastique, de ciseaux émoussés, de blocs de bois, etc. Permettez aux enfants d'enlever des morceaux de glace et de libérer les objets du bloc de glace.

Mesurer la neige

Donnez aux enfants une règle ou un mètre. Encouragez-les à se promener dans la salle de classe extérieure en mesurant la hauteur de la neige à partir du sol. Mettez les enfants au défi de construire le plus haut tas de neige et de le mesurer ensemble.

Neige et eau

Demandez aux enfants de recueillir un échantillon de neige dans un seau et de mesurer sa densité. Placez le seau en plein soleil ou apportez-le à l'intérieur. Observez et enregistrez la neige qui se transforme en eau. Mesurez la quantité d'eau résultant de la fonte de la neige.

Activités de plein air pour l'hiver

La glace fondante

Demandez aux enfants de réfléchir à différentes façons de faire fondre la glace. Testez la fonte des glaces avec le soleil, le sable et le sel. Discutez de la substance qui fonctionne le plus rapidement.

Volcan de neige

En petits groupes, demandez aux enfants de construire une structure volcanique en neige autour d'un conteneur vide. Une fois la structure du volcan construite, remplissez le récipient de vinaigre, de colorant alimentaire suivi de bicarbonate de soude. Regardez le volcan exploser sur la neige.

Labyrinthe de neige

Fournissez des pelles aux enfants pour qu'ils créent un labyrinthe de neige. Encouragez-les à créer des impasses et de multiples voies, mais avec une seule entrée et une seule sortie.

Construire un Inukshuk

Montrez aux enfants l'image d'un inukshuk et expliquez qu'il s'agit d'une structure en pierre en forme de personne que les Inuits utiliseraient comme points de repère dans l'Arctique. Demandez aux enfants de collecter des pierres et de construire leur inukshuk.

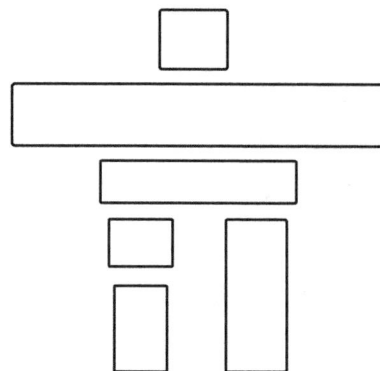

Mangeoire pour oiseaux sans arachides

Demandez aux enfants de prendre un rouleau de papier toilette et de le recouvrir d'une épaisse couche de saindoux. Expliquez aux enfants que les oiseaux ont besoin de graisse pour rester au chaud en hiver et que le saindoux le leur fournira. Ensuite, mettez les graines d'oiseaux dans une assiette. Roulez le rouleau de papier dans les graines d'oiseau, en vous assurant qu'elles collent au saindoux. Ensuite, enfilez un morceau de fil à travers un rouleau de papier. Enfin, accrochez les rouleaux de papier sur les arbres et attendez que les oiseaux viennent se nourrir.

Magnifique agrandissement

Dans cette activité, les enfants apprendront comment une loupe peut les aider à observer des objets trop petits pour être vus seulement avec leurs yeux.

Matériel

- loupe pour chaque enfant
- feuilles d'enregistrement et crayons
- 1 m de fil ou de ficelle pour chaque enfant

Commencer

Si les enfants n'ont jamais exploré avec une loupe auparavant, prévoyez du temps pour qu'ils puissent jouer et explorer avec. Aidez les enfants à découvrir comment une loupe aide les gens à voir les choses dans leur environnement en les agrandissant. Par exemple, demandez aux enfants d'examiner les motifs au bout de leurs doigts. Encouragez les enfants à comparer très attentivement les autres objets avec une loupe, puis plus loin. Y a-t-il une différence dans ce qu'ils voient? Comment?

Explorer l'extérieur

1. Encouragez les enfants à imaginer puis à discuter de comment ce serait de faire une randonnée à travers la classe en plein air en tant que petite créature (c'est-à-dire, fourmi, ver, scarabée). En quoi le point de vue de la petite créature serait-il différent du leur?

2. Ensuite, expliquez aux enfants qu'ils vont « rétrécir » jusqu'à la taille d'une petite créature et « zoomer » sur l'environnement naturel pour faire une randonnée.

3. Ensuite, donnez à chaque enfant un morceau de ficelle d'un mètre pour marquer son sentier de randonnée miniature quelque part dans la classe en plein air. Demandez-leur de trouver et d'observer des choses qui seraient difficiles à voir sans leur loupe et de les dessiner sur leur feuille d'enregistrement. Encouragez les enfants à rechercher des signes de vie. Par exemple, explorer les fissures et les crevasses du trottoir ou regarder sous les feuilles.

Le merveilleux agrandissement de _____

Voici un dessin de ce que j'ai vu
à travers la loupe.

Mes observations...

|

Observation à cerceaux

Cette activité permet aux enfant de pratiquer leurs compétences d'observation.

Matériel

- cerceaux
- loupe
- presse-papiers avec des feuilles pour le dessin
- des crayons
- cartes de mots

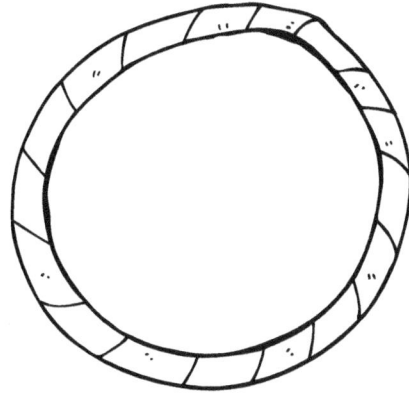

Commencer

Idéalement, pour cette activité, divisez les enfants en groupes de trois ou quatre. Dites aux enfants qu'ils utiliseront un cerceau pour marquer un endroit d'observation dans la classe en plein air. Expliquez que leur travail consistera à faire un dessin détaillé de l'environnement naturel qu'ils observent dans leur cerceau.

Explorer l'extérieur

1. Donnez à chaque enfant ou à un petit groupe d'enfants un cerceau.

2. Laissez les enfants le placer n'importe où dans la salle de classe extérieure.

3. Encouragez les enfants à regarder de près leur cerceau et à dessiner ou noter tous les matériaux naturels qu'ils voient.

4. Demandez aux enfants d'étiqueter leurs dessins en utilisant le vocabulaire approprié (c'est-à-dire sol, insecte, écorce, rosée, etc.)

Partage de découvertes

Demandez aux enfants de partager leurs observations avec la classe. Utilisez les questions ci-dessous pour faciliter la discussion.

- Identifiez les éléments découverts comme vivants / non vivants.
- Discutez des signes de changements saisonniers.
- Examinez les empreintes d'animaux et explorez les habitats.
- En quoi les observations sont-elles identiques ou différentes d'un groupe à l'autre?

L'observation de feuilles de _____

Voici une feuille de _____

Voici un dessin de ma feuille.

Elle est..

 rouge

 orange

 jaune

 verte

 brune

 violette

---

Je pense que ma feuille est ...

☐ petite

☐ moyenne

☐ grande

Ce que je remarque de ma feuille ...

Les feuilles sont-elles vivantes?

Observe les feuilles! Choisis une feuille et colle-la dans l'encadré.

Je pense que les feuilles sont : ❑ vivantes ❑ non vivantes

Parce que _____

et je sais que _____

Penses-y

Les feuilles au sol sont-elles les mêmes que les feuilles d'un arbre?
Explique ta pensée.

_____

_____

Collier de feuilles

Matériel

- feuilles
- petits bâtons
- ciseaux
- perforateur

Commencer

1. Coupez une ficelle assez longue pour un collier.
2. Attachez un petit bâton à la fin de la chaîne - il servira d'aiguille. Attachez un gros nœud à l'autre extrémité de la chaîne.
3. Demandez aux enfants de choisir leurs propres feuilles pour leur collier. Demandez-leur de créer un motif en utilisant une variété de feuilles différentes, y compris la couleur et la taille.
4. Créez des trous d'enfilage dans les feuilles avec le perforateur ou encouragez les enfants à faire eux-mêmes les trous.
5. Une fois les feuilles enfilées dans un collier, détachez le bâton et attachez le collier.
6. Encouragez les enfants à porter leurs colliers.

Partage de découvertes

Demandez aux enfants de partager leurs observations avec la classe. Utilisez les questions ci-dessous pour faciliter la discussion.

- Quels matériaux étaient les plus populaires parmi les enfants?
- Pourquoi les enfants ont-ils choisi le matériel qu'ils ont choisi?
- Qu'est-ce qu'ils aiment dans leur collier?
- Quels types de motifs ont-ils utilisés pour fabriquer leur collier?
- Quelles feuilles ont le mieux fonctionné? Pourquoi?

L'observation d'insectes de _____

Explorer l'extérieur

Coche une case chaque fois que tu vois un insecte.

Prédiction

Où penses-tu que tu apercevras le plus d'insectes? _____

Nom de l'insecte	Au sol	Sur une plante	Dans un arbre	Sous une roche	Dans l'air

Observateur de la faune

Annoncez aux enfants qu'en tant qu'observateurs de la faune, ils observeront des créatures vivantes dans la salle de classe en plein air. Expliquez que l'observation de la faune est l'observation d'animaux dans leurs habitats naturels. Il est crucial que les enfants apprennent à observer sans perturber l'habitat de la créature ni interagir négativement avec l'animal (c'est-à-dire chasser des écureuils, ramasser des vers, attraper des papillons). Renforcez avec les enfants qu'ils doivent se concentrer sur l'observation à distance tout en prenant note de la façon dont la créature se comporte et interagit avec l'environnement naturel. L'observation de la faune peut se faire à l'œil nu, ou avec des outils comme des jumelles ou une loupe.

À faire

- Observez à distance.
- Restez calme et patient.
- Écoutez attentivement.
- Intégrez-vous à votre environnement.
- Enregistrez ce que vous voyez.

Ne pas faire

- Ne touchez pas la faune ou sa maison.
- Ne déplacez rien hors de son emplacement naturel.

Matériel

- ☐ Presse-papiers et feuille d'enregistrement
- ☐ Crayons
- ☐ Loupe (optionel)
- ☐ Jumelles (optionel)

Explorer l'extérieur

Encouragez les enfants à trouver un endroit calme et presque caché pour chercher des créatures vivantes. Invitez les enfants à observer patiemment tout autour d'eux jusqu'à ce qu'ils aperçoivent un animal ou un insecte. Demandez aux enfants d'enregistrer leurs observations à l'aide du journal d'observation de la faune.

Partage de découvertes

Demandez aux enfants de partager leurs observations avec la classe. Utilisez les questions ci-dessous pour faciliter la discussion.

- Quelle créature vivante avez-vous observée?
- Où pensez-vous qu'elle vit?
- Que pensez-vous qu'elle mange?
- Le temps influence-t-il si nous verrons cette créature?
- Que pensez-vous que la faune tentait de faire?

Journal d'observation de la faune de_____

La saison : ❑ Printemps   ❑ Été   ❑ Automne   ❑ Hiver

La température :

Lieu _____

J'observe _____

Voici un dessin de ce que j'ai observé.

Notes

_____

_____

Fabriquer un nid

Matériel

- boue / terre
- eau
- bâtons / brindilles
- herbe
- feuilles

Commencer

Idéalement, pour cette activité, divisez les enfants en groupes de un ou deux. Mettez les enfants au défi de créer un nid en utilisant uniquement des matériaux naturels (boue, herbe, bâtons, feuilles). Encouragez-les à faire le nid assez grand pour un merle ou un geai bleu. Encouragez-les à rendre le nid suffisamment chaud et sûr pour les œufs.

Explorer l'extérieur

1. Demandez aux enfants d'explorer les environs et de rechercher des matériaux naturels.
2. Laissez les enfants décider comment ils veulent faire leur nid, encouragez leurs idées et aidez-les s'ils ne savent pas par où commencer.

Partage de découvertes

Demandez aux enfants de partager leurs observations avec la classe. Utilisez les questions ci-dessous pour faciliter la discussion.

- Avec quels matériaux était-il plus facile de construire?
- Pourquoi les enfants ont-ils choisi ce matériel?
- Qu'est-ce qu'ils aiment dans leur nid?
- Que pourraient-ils faire pour améliorer leur nid?
- Selon toi, quel genre d'oiseau l'utilisera?

Tableau d'observation d'oiseaux de_____

Explorer l'extérieur

Coche chaque fois que tu vois l'un de ces types d'oiseaux.

Prédiction : Quel oiseau penses-tu apercevoir le plus? _____

 **Merle**	
 **Moineau**	
 **Mésange**	
 **Geai bleu**	
 **Cardinal**	

Détective Super Sol

Dans cette activité, les enfants ont la possibilité de découvrir que tous les sols n'ont pas les mêmes caractéristiques.

Matériel

- deux sacs en plastique
- cuillère pour recueillir la terre
- marqueur
- loupe

Commencer

1. Ramassez un peu de terre d'un endroit et placez-la dans un sac en plastique : il s'agit de l'échantillon de sol A.

2. À l'aide d'un marqueur, écrivez le nom de l'emplacement de l'échantillon A sur le sac en plastique.

3. Ensuite, récupérez un peu de terre à un endroit différent et placez-la dans un sac en plastique. C'est l'échantillon de sol B.

4. À l'aide d'un marqueur, écrivez le nom de l'emplacement de l'échantillon B sur le sac en plastique.

5. À l'aide du tableau d'observation du détective Super Sol, examinez chaque échantillon de sol et enregistrez vos résultats.

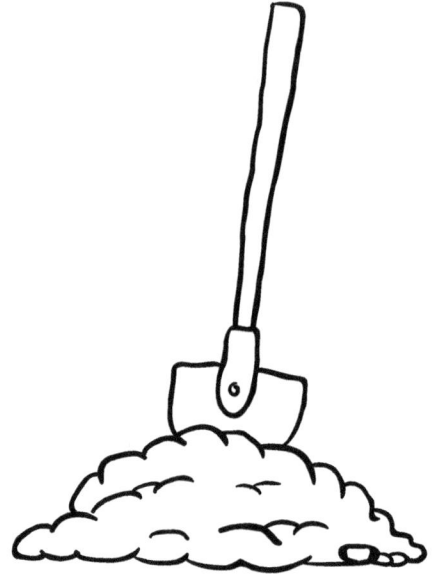

Partage de découvertes

Demandez aux enfants de partager leurs observations avec la classe. Utilisez les questions ci-dessous pour faciliter la discussion.

- En quoi les échantillons de sol sont-ils identiques / différents?
- Quel sol pensez-vous serait le mieux pour faire pousser des plantes? Expliquez.

Suggestion de lecture à haute voix
« Ma vie de ver de terre » par Doreen Cronin

Tableau d'observation du détective Super Sol

Échantillon de terre	Emplacement de l'échantillon A	Emplacement de l'échantillon B
Couleur		
Texture		
Poids		
Odeur		
Autres observations		

Comment les animaux restent-ils au chaud l'hiver?

Demandez aux enfants comment ils pensent que les animaux restent au chaud l'hiver. Remplissez un tableau de classe SVA et enregistrez le commentaire de chaque enfant suivi de ses initiales. Discutez de la façon dont les êtres humains restent au chaud l'hiver (maisons chauffées, manteaux d'hiver, mitaines d'hiver, etc.). Invitez les enfants à réfléchir « Si les animaux ne portent pas de manteaux comme nous, que pensez-vous qu'ils fassent pour rester au chaud? »

Explorer l'extérieur

• Invitez les enfants à chercher des endroits où les animaux peuvent trouver un abri pour rester au chaud dans la classe en plein air.

• Créez un gant de lard avec du saindoux et deux sacs en plastique. Placez un sac à l'intérieur de l'autre. Étalez le saindoux entre les deux sacs, puis collez les bords extérieurs du haut. Dites aux enfants d'enlever leurs gants et de sentir l'air froid, puis faites-les mettre le gant de graisse et noter la différence. Expliquez que le lard est une couche de graisse qui peut aider les animaux à rester au chaud.

• Demandez aux enfants de réfléchir à la façon dont la fourrure animale peut ressembler à nos manteaux et mitaines d'hiver.

Partage de découvertes

Demandez aux enfants de partager leurs observations et leurs conclusions avec la classe. Enregistrez les réponses des enfants sur du papier graphique. Partagez les différents abris observés par les enfants et expliquez comment les terriers peuvent protéger les animaux du froid, de la neige et de la glace. Discutez également de la façon dont la fourrure des animaux est chaude et agit comme un manteau d'hiver. Expliquez que de nombreux animaux muent et développent des couches de fourrure plus épaisses pendant les mois d'hiver. Invitez les enfants à penser aux animaux et aux oiseaux qu'ils ont pu voir cueillir et manger beaucoup de nourriture en hiver. Discutez de la façon dont cela les amène à emmagasiner des couches de graisse supplémentaires et à établir des connexions avec le gant de graisse.

Suggestion de lecture à haute voix

« Bien au chaud pour l'hiver » par Tomoko Ohmura

Comment les animaux restent-ils au chaud en hiver?

Explorer l'extérieur

Voyez-vous des animaux? Quelle partie de leur corps les aiderait à rester au chaud?

Dessine et étiquète tes idées.

Je prédis que les animaux restent au chaud en _____

parce que j'ai observé _____

et je sais que _____

Penses-y!

Lorsque tu as essayé le gant de graisse, comment te sentais-tu?

_____

_____

Le soleil bouge-t-il?

Explorer l'extérieur

Promène-toi à l'extérieur et place un gros bâton verticalement dans l'endroit le plus ensoleillé que tu puisses trouver. Trouve l'ombre du bâton et marque-la avec une roche. Observe l'ombre et marque tout mouvement que tu remarques avec une roche.

Dessine ce que tu vois.

Le soleil _____

car j'ai observé _____

et je sais que _____

Penses-y!

Le soleil bouge-t-il tous les jours? Comment le sais-tu?

_____

_____

Question d'enquête de _____

_____

Ceci est une image de ce que je vois.

Je pense que _____

car j'ai observé _____

et je sais que _____

_____

Le journal saisonnier de

_____

[ ]

La saison est :

🍃
Printemps

☀️
Été

🍁
Automne

❄️
Hiver

Je me demande :

_____

_____

Promenade des sens de _____

La saison est :

Printemps   **Été**   **Automne**   **Hiver**

👁 Je vois...	👂 J'entends...
👃 Je sens...	✋ Je ressens...

Observations de la faune de

_____

La saison est :

Printemps   **Été**   **Automne**   **Hiver**

Quoi?	Quand?

Où?

Notes

Mon observation d'arbre   🌳 feuillu   🌲 conifère

La saison est :

    🍃   ☀️   🍁   ❄️

Printemps   **Été**   **Automne**   **Hiver**

Voici un dessin d'observation de mon arbre.	Voici un détail que j'ai remarqué sur mon arbre.

_____

_____

_____

_____

Suivi de température de _____

La saison est :

🍃 **Printemps**   ☀️ **Été**   🍁 **Automne**   ❄️ **Hiver**

Commencer

La température change-t-elle durant la journée?

Matériel

Thermomètre

Commencer

1. Mesurez la température extérieure le matin, à midi et en fin de journée. Faites cela pendant cinq jours.

2. Utilisez les mots ci-dessous pour remplir les blancs. Un mot peut être utilisé plusieurs fois.

   plus fraîche   plus chaude

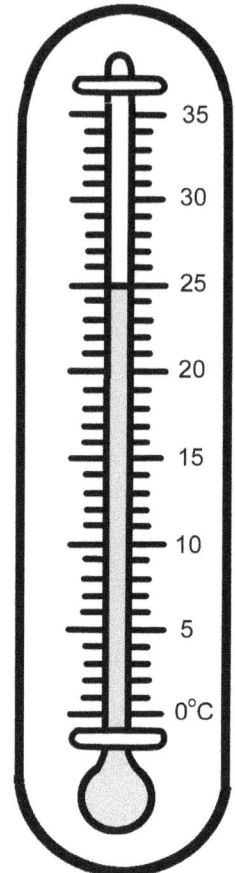

Je prédis que la température sera ...

_____ le matin.

_____ le midi.

_____ durant l'après-midi.

Suivi de température de _____

1. Avec l'aide d'un adulte, enregistrez les résultats.

Jour	Matin	Midi	Après-midi
1			
2			
3			
4			
5			

2. La température change-t-elle pendant la journée?
Oui   Non

3. Complète les phrases. Utilise les mots ci-dessous.

l'après-midi   le matin   le midi

La température la plus chaude était _____

La température la plus froide était _____

et le _____

Les choses préférées de _____

La saison est :

Printemps   Été   Automne   Hiver

Écris à ce sujet.

_____

_____

_____

_____

Journal d'apprentissage de _____

La saison est :

Printemps   **Été**   **Automne**   **Hiver**

Dessine une image de ce que tu as appris.

Écris à ce sujet.

_____

_____

_____

Suivi d'observation de _____

La saison est :

| Printemps | Été | Automne | Hiver |

J'ai observé _____

Voici un dessin d'observation.

Couleur _____

Forme _____

Taille _____

Texture _____

Sujet : _____

S Ce que je pense que je **Sais**	**V** Ce que je **Veux** savoir	**A** Ce que j'ai **Appris**

Les mots de vocabulaire de _____

Garde une liste des nouveaux mots que tu as appris.

Assure-toi d'inclure la définition de chaque mot.

Mot	Définition

Ma progression

	Compléter mon travail	Gérer mon temps	Appliquer les consignes	M'organiser
À toute vitesse!	• Mon travail est toujours complet et bien fait. • J'ai ajouté des détails pertinents.	• Mon travail est toujours terminé à temps.	• J'applique toujours les consignes.	• Mon matériel est toujours bien organisé. • Je suis toujours prêt à travailler et apprendre.
Continue!	• Mon travail est complet et bien fait. • J'ai ajouté des détails pertinents.	• Mon travail est terminé à temps.	• J'applique habituellement les consignes.	• Mon matériel est habituellement bien organisé. • Je suis habituellement prêt à apprendre.
Ralentis!	• Mon travail est complet. • Je dois réviser mon travail.	• Je termine parfois mon travail à temps.	• J'ai parfois besoin de rappels pour appliquer les consignes.	• J'ai parfois besoin de temps pour trouver mon matériel. • Je suis parfois préparé et prêt à apprendre.
Arrête-toi!	• Mon travail est incomplet. • Je dois réviser mon travail.	• Je termine rarement mon travail à temps.	• J'ai besoin de rappels pour appliquer les consignes.	• Mon matériel n'est pas organisé. • Je ne suis pas prêt à apprendre.

Je suis fier (ère) de : _____

Je dois améliorer : _____

Participation

Niveau	Description de la participation des enfants
4	L'enfant contribue régulièrement aux discussions et aux activités en classe en proposant des idées et en posant des questions.
3	L'enfant contribue généralement aux discussions et aux activités en classe en proposant des idées et en posant des questions.
2	L'enfant contribue parfois aux discussions et aux activités en classe en proposant des idées et en posant des questions.
1	L'enfant contribue rarement aux discussions ou aux activités en classe en proposant des idées ou en posant des questions.

Compréhension des concepts

Niveau	Description de la compréhension des concepts
4	L'enfant montre une compréhension approfondie de tous ou presque tous les concepts et donne systématiquement des explications appropriées et complètes de manière indépendante. Aucun soutien des enseignants n'est nécessaire.
3	L'enfant montre une bonne compréhension de la plupart des concepts et donne généralement des explications complètes ou presque complètes. Le soutien des enseignants est rarement nécessaire.
2	L'enfant montre une compréhension satisfaisante de la plupart des concepts et donne parfois des explications appropriées, mais incomplètes. Le soutien des enseignants est parfois nécessaire.
1	L'enfant montre peu de compréhension des concepts et donne rarement des explications complètes. Un soutien intensif des enseignants est nécessaire.

Communication des concepts

Niveau	Description de la communication des concepts
4	L'enfant communique constamment avec clarté et précision dans le travail écrit et oral. L'enfant utilise systématiquement la terminologie et le vocabulaire appropriés.
3	L'enfant communique généralement avec clarté et précision dans le travail écrit et oral. L'enfant utilise généralement une terminologie et un vocabulaire appropriés.
2	L'enfant communique parfois avec clarté et précision dans le travail écrit et oral. L'enfant utilise parfois une terminologie et un vocabulaire appropriés.
1	L'enfant communique rarement avec clarté et précision dans un travail écrit ou oral. L'enfant utilise rarement une terminologie ou un vocabulaire approprié.

Progrès des élèves

Classe _____ **Date** _____

Nom	Participation en classe	Compréhension des concepts	Communication des concepts	Évaluation globale

|

Féliciations!
Expert plein air

J'ai r ussi!

Beau travail!
Observateur de la faune

|

www.ingramcontent.com/pod-product-compliance
Lightning Source LLC
Chambersburg PA
CBHW081343090426

42737CB00017B/3278